이 관찰 노트는

_____년 _____월 _____일부터

_____년 _____월 _____일까지,

자연을 사랑하고 자연에 대해 알고 싶은

_____가(이) 기록한 것입니다.

차례

1. 나무를 관찰해요 • 2
2. 곤충을 그려 봐요 • 8
3. 물고기 사진을 찍어 봐요 • 14
4. 양서류와 파충류를 비교해 봐요 • 20
5. 새 깃털을 주워 봐요 • 26
6. 야생 동물의 발자국을 찾아봐요 • 32
7. 내가 더 관찰해 보고 싶은 것들을 써 봐요 • 38

1. 나무를 관찰해요

캠핑장에 가면 주변에 나무들이 많이 있을 거예요. 나무를 잘 살펴보면 키가 큰 나무도 있고 키가 작은 나무도 있어요. 혹은 다른 나무나 바위를 칭칭 감은 나무도 있지요. 잎사귀가 둥근 것도 있고, 뾰족뾰족한 것도 있어요. 각기 다른 종류의 나무들이 너무너무 많아서 어떤 나무인지 알아보기가 쉽지 않아요.

하지만 《캠핑장 생태 도감》 60~61쪽의 나무 분류표를 보면 우리 앞에 있는 나무들이 대강 어디에 속하는지 알 수 있어요.

캠핑장 주변에서 제일 마음에 드는 나무 하나를 찾아봐요. 그리고 셜록 홈즈처럼 나무를 요모조모 관찰해서 이 나무가 어떤 나무인지 그 정체를 밝혀 보아요. 꼭 정답이 아니어도 괜찮아요. 나무를 구분하는 굵직한 기준만 알아도 나무 박사가 되는 데에는 문제가 없으니까요!

나무 관찰 기록장

| 관찰 일시 | 년   월   일   시 | 날씨 | 발견 장소 |

* 내가 주운 잎사귀를 여기에 붙여 보아요.

* 오른쪽 나무찾기 표를 보고 나무 이름을 밝혀 보아요.

* 나무 찾기 표

나뭇잎 모양은 어떤가요?

- 나뭇잎이 비늘처럼 뾰족해요.
- 나뭇잎이 손바닥처럼 넓고 평평해요.

나뭇잎이 비늘처럼 뾰족해요.

잎이 한 장인가요, 여러 장인가요?

- 잎이 한 장이에요. (단엽)
  - 1. 소나무
  - 2. 리기다소나무
  - 3. 잣나무
- 잎이 여러 장이에요. (복엽)
  - 4. 일본잎갈나무(낙엽송)

나뭇잎이 손바닥처럼 넓고 평평해요.

나무의 전체 모양이 어떤가요?

- 나무가 일자로 곧게 자란 나무예요. (키나무)
- 줄기가 밑에서부터 뻗은 나무예요. (떨기나무)
- 다른 나무나 바위를 칭칭 감고 있는 나무예요. (덩굴나무)

키나무의 줄기를 잘 살펴봐요.

줄기에서 잎이 마주보고 나요.

- 잎이 한 장인가요? 여러 장인가요?
  - 단엽
    - 5. 신나무
    - 6. 고로쇠나무
    - 7. 당단풍나무
    - 8. 산딸나무
  - 복엽
    - 9. 물푸레나무

줄기에서 잎이 어긋나게 나요.

- 잎이 한 장인가요? 여러 장인가요?
  - 단엽
    - 10. 굴참나무
    - 11. 상수리나무
    - 12. 졸참나무
    - 13. 갈참나무
    - 14. 신갈나무
    - 15. 떡갈나무
    - 16. 때죽나무
    - 17. 쪽동백나무
    - 18. 층층나무
    - 19. 함박꽃나무
    - 20. 느릅나무
    - 21. 팥배나무
    - 22. 벚나무
    - 23. 버드나무
    - 24. 산뽕나무
    - 25. 서어나무
    - 26. 까치박달
    - 27. 물박달나무
    - 28. 박달나무
    - 29. 밤나무
    - 30. 야광나무
    - 31. 돌배나무
    - 32. 산사나무
    - 33. 귀룽나무
    - 34. 산오리나무
    - 35. 은사시나무
  - 복엽
    - 36. 개옻나무
    - 37. 붉나무
    - 38. 굴피나무
    - 39. 가래나무
    - 40. 소태나무
    - 41. 아까시나무

떨기나무의 줄기를 잘 살펴봐요.

줄기에서 잎이 마주보고 나요.

- 잎이 한 장인가요? 여러 장인가요?
  - 단엽
    - 42. 병꽃나무
    - 43. 덜꿩나무
    - 44. 쥐똥나무
    - 45. 백당나무
    - 46. 작살나무
    - 47. 누리장나무
  - 복엽
    - 48. 화살나무
    - 49. 딱총나무
    - 50. 고추나무

줄기에서 잎이 어긋나게 나요.

- 잎이 한 장인가요? 여러 장인가요?
  - 단엽
    - 51. 생강나무
    - 52. 국수나무
    - 53. 산딸기
    - 54. 진달래
    - 55. 철쭉
    - 56. 갯버들
    - 57. 조팝나무
    - 58. 개암나무
    - 59. 보리수나무
    - 60. 물참대
  - 복엽
    - 61. 산초나무
    - 62. 두릅나무
    - 63. 싸리
    - 64. 찔레나무
    - 65. 멍석딸기

덩굴나무의 줄기를 잘 살펴봐요.

줄기에서 잎이 마주보고 나요.

- 잎이 한 장인가요? 여러 장인가요?
  - 단엽
    - 66. 인동
  - 복엽
    - 67. 사위질빵

줄기에서 잎이 어긋나게 나요.

- 잎이 한 장인가요? 여러 장인가요?
  - 단엽
    - 68. 왕머루
    - 69. 다래나무
    - 70. 노박덩굴
    - 71. 댕댕이덩굴
  - 복엽
    - 72. 담쟁이덩굴
    - 73. 으름덩굴
    - 74. 칡
    - 75. 줄딸기

🌿 나무 관찰 기록장 🌱

관찰 일시	년 월 일 시	날씨	발견 장소

* 내가 주운 잎사귀를 여기에 붙여 보아요. 그리고 나무찾기 표에서 나무 이름을 찾아봐요.

* 내가 찾은 나무의 이름은 _____ 입니다.

* 이 나무에 대해 더 알고 싶다면 책이나 인터넷에서 조사해서 이곳에 정리해 보세요.
* 꽃이나 열매, 나무의 전체 모습을 그려 보아도 좋아요.

나무 관찰 기록장

| 관찰 일시 | 년   월   일   시 | 날씨 | 발견 장소 |

* 내가 주운 잎사귀를 여기에 붙여 보아요. 그리고 나무찾기 표에서 나무 이름을 찾아봐요.

* 내가 찾은 나무의 이름은 _____ 입니다.

* 이 나무에 대해 더 알고 싶다면 책이나 인터넷에서 조사해서 이곳에 정리해 보세요.
* 꽃이나 열매, 나무의 전체 모습을 그려 보아도 좋아요.

나무 관찰 기록장

| 관찰 일시 | 년   월   일   시 | 날씨 | 발견 장소 |

* 내가 주운 잎사귀를 여기에 붙여 보아요. 그리고 나무찾기 표에서 나무 이름을 찾아봐요.

* 내가 찾은 나무의 이름은 _____ 입니다.

* 이 나무에 대해 더 알고 싶다면 책이나 인터넷에서 조사해서 이곳에 정리해 보세요.
* 꽃이나 열매, 나무의 전체 모습을 그려 보아도 좋아요.

나무 관찰 기록장

| 관찰 일시 | 년   월   일   시   날씨 | 발견 장소 |

* 내가 주운 잎사귀를 여기에 붙여 보아요. 그리고 나무찾기 표에서 나무 이름을 찾아봐요.

* 내가 찾은 나무의 이름은 _____ 입니다.

* 이 나무에 대해 더 알고 싶다면 책이나 인터넷에서 조사해서 이곳에 정리해 보세요.
* 꽃이나 열매, 나무의 전체 모습을 그려 보아도 좋아요.

2. 곤충을 그려 봐요

캠핑장에 가면 주변에서 많은 생물들을 찾아볼 수 있어요. 나무줄기를 타고 굼실굼실 올라가는 개미도 있고, 여름밤에 맴맴맴 시끄럽게 울어대는 매미도 있어요. 알록달록 신기한 무늬가 있는 것들도 있지요.

그런데 이 수많은 생물 중에는 곤충이 아닌 것도 있어요. 즉, 일정한 조건을 갖춰야 곤충이라고 부르지, 이 조건을 갖추지 못하면 곤충이라고 할 수 없어요.

곤충인 것과 곤충이 아닌 것은 어떻게 구별할까요? 직접 곤충을 그려 보고 한번 추측해 보기로 해요.

곤충을 잡을 때 주의할 점

곤충 중에는 독이 있는 곤충도 있어요. 맨손으로 잡지 말고 장갑을 끼거나 핀셋을 사용하도록 해요. 만일 곤충에게 쏘일 것이 걱정된다면, 곤충 사진을 따라 그려도 좋아요.

곤충을 잡을 수 있는 곳

풀숲 사이 습하고 어두운 곳, 면적이 넓은 나뭇잎 뒤편에 곤충이 많아요. 만약 쉽게 발견할 수 없다면 곤충을 꾀어내요. 밤중에 흰 천이나 티셔츠를 팽팽하게 펼쳐 놓고 랜턴을 비추면 곤충들이 몰려와요. 또, 나무껍질을 약간 벗기고 꿀을 발라 놓으면 곤충들이 몰려와요.

곤충 관찰 기록장

| 관찰 일시 | 년   월   일   시 | 날씨 | 발견 장소 |

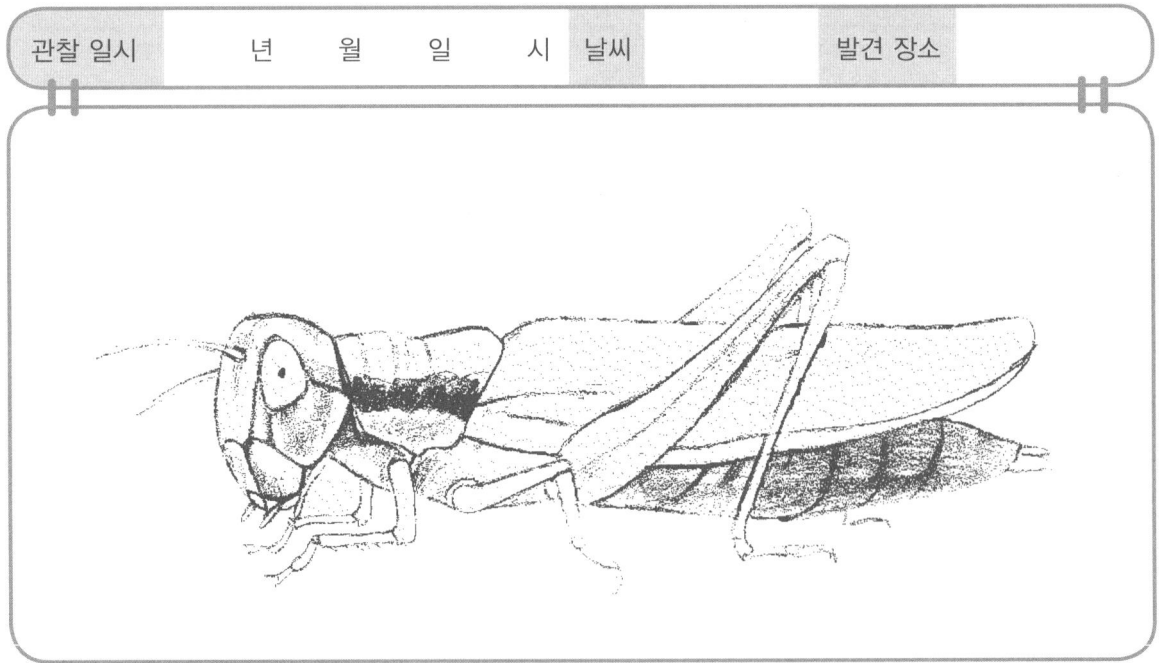

🦗 **곤충을 다 그려 봤다면, 다음의 조건에 해당하는지 살펴보세요.**

1. 다리가 마디로 이루어져 있다.
2. 날개가 2쌍, 즉 4개이다. (하지만 간혹 날개가 퇴화한 곤충도 있어요. 좀과 돌좀 무리가 대표적인 퇴화 곤충이지요.)
3. 몸이 머리, 가슴, 배로 이루어져 있다.
4. 더듬이는 1쌍, 즉 2개이다.
5. 홑눈과 겹눈이 있다.

• 그러면 거미는 곤충일까요?

: 거미는 머리, 가슴, 배로 구분되며 다리는 네 쌍이고 날개와 더듬이가 없어요. 그래서 거미는 곤충이 아니랍니다.

• 그러면 지렁이는 곤충일까요?

: 지렁이는 긴 원통형으로 가늘며, 많은 마디로 이루어져 있어요. 다리, 날개, 더듬이가 없으니 곤충이 아니에요.

• 그러면 지네는 곤충일까요?

: 지네는 몸은 가늘고 길며, 여러 마디로 이루어져 그 마디마다 한 쌍의 발이 있어요. 머리에는 더듬이 한 쌍과 독을 분비하는 큰턱이 있고, 눈은 없거나 네 개의 홑눈만을 가지고 있어요. 그래서 지네도 곤충이 아니에요.

• 그러면 달팽이는 곤충일까요?

: 달팽이는 등에 나선형의 껍데기가 있고 두 더듬이와 눈이 있어요. 살에는 점액이 있고 암수한몸이에요. 그래서 달팽이도 곤충이 아니에요.

곤충 관찰 기록장

| 관찰 일시 | 년   월   일   시 | 날씨 | 발견 장소 |

* 곤충을 그려 보아요.

1. 다리가 마디로 이루어져 있나요? (네, 아니오)
2. 날개가 2쌍, 즉 4개인가요? (네, 아니오)
3. 몸이 머리, 가슴, 배로 이루어져 있나요? (네, 아니오)
4. 더듬이는 1쌍 즉 2개인가요? (네, 아니오)
5. 홑눈 혹은 겹눈인가요? (네, 아니오)

→ 내가 관찰한 생물은 곤충인가요? (네, 아니오)

곤충 관찰 기록장

| 관찰 일시 | 년 월 일 시 | 날씨 | 발견 장소 |

* 곤충을 그려 보아요.

1. 다리가 마디로 이루어져 있나요? (네, 아니오)

2. 날개가 2쌍, 즉 4개인가요? (네, 아니오)

3. 몸이 머리, 가슴, 배로 이루어져 있나요? (네, 아니오)

4. 더듬이는 1쌍 즉 2개인가요? (네, 아니오)

5. 홑눈 혹은 겹눈인가요? (네, 아니오)

→ 내가 관찰한 생물은 곤충인가요? (네, 아니오)

곤충 관찰 기록장

| 관찰 일시 | 년   월   일   시 | 날씨 | 발견 장소 |

* 곤충을 그려 보아요.

1. 다리가 마디로 이루어져 있나요? (네, 아니오)
2. 날개가 2쌍, 즉 4개인가요? (네, 아니오)
3. 몸이 머리, 가슴, 배로 이루어져 있나요? (네, 아니오)
4. 더듬이는 1쌍 즉 2개인가요? (네, 아니오)
5. 홑눈 혹은 겹눈인가요? (네, 아니오)

→ 내가 관찰한 생물은 곤충인가요? (네, 아니오)

곤충 관찰 기록장

| 관찰 일시 | 년 월 일 시 | 날씨 | 발견 장소 |

* 곤충을 그려 보아요.

1. 다리가 마디로 이루어져 있나요? (네, 아니오)
2. 날개가 2쌍, 즉 4개인가요? (네, 아니오)
3. 몸이 머리, 가슴, 배로 이루어져 있나요? (네, 아니오)
4. 더듬이는 1쌍 즉 2개인가요? (네, 아니오)
5. 홑눈 혹은 겹눈인가요? (네, 아니오)

→ 내가 관찰한 생물은 곤충인가요? (네, 아니오)

3. 물고기 사진을 찍어 봐요

캠핑장 주면에 냇가가 있다면 한번 가까이 가 봐요. 물가에서 조용히, 아주 조용히 기다리면 물속에 있는 물고기들이 하나둘 보이기 시작할 거예요. 물고기들은 소리에 민감해서 시끄러우면 달아나기 쉽고, 강바닥과 비슷한 색깔이 많아 분간하기가 어려워요. 그래도 인내심을 갖고 살펴보면 물속에서 유유히 움직이는 물고기를 볼 수 있을 거예요. 그때 카메라로 물고기들을 찍어 봐요. 단, 카메라를 물속에 떨어뜨리면 카메라가 고장 날 수 있어요. 방수 케이스 속에 넣거나 끈을 달아 손목에 꼭 묶어 두도록 해요.

물고기 관찰 기록장

관찰 일시	년 월 일 시	날씨	발견 장소

* 물고기를 사진으로 찍어 이곳에 붙여 보세요. 그리고 물고기의 구조를 표시해 보세요.

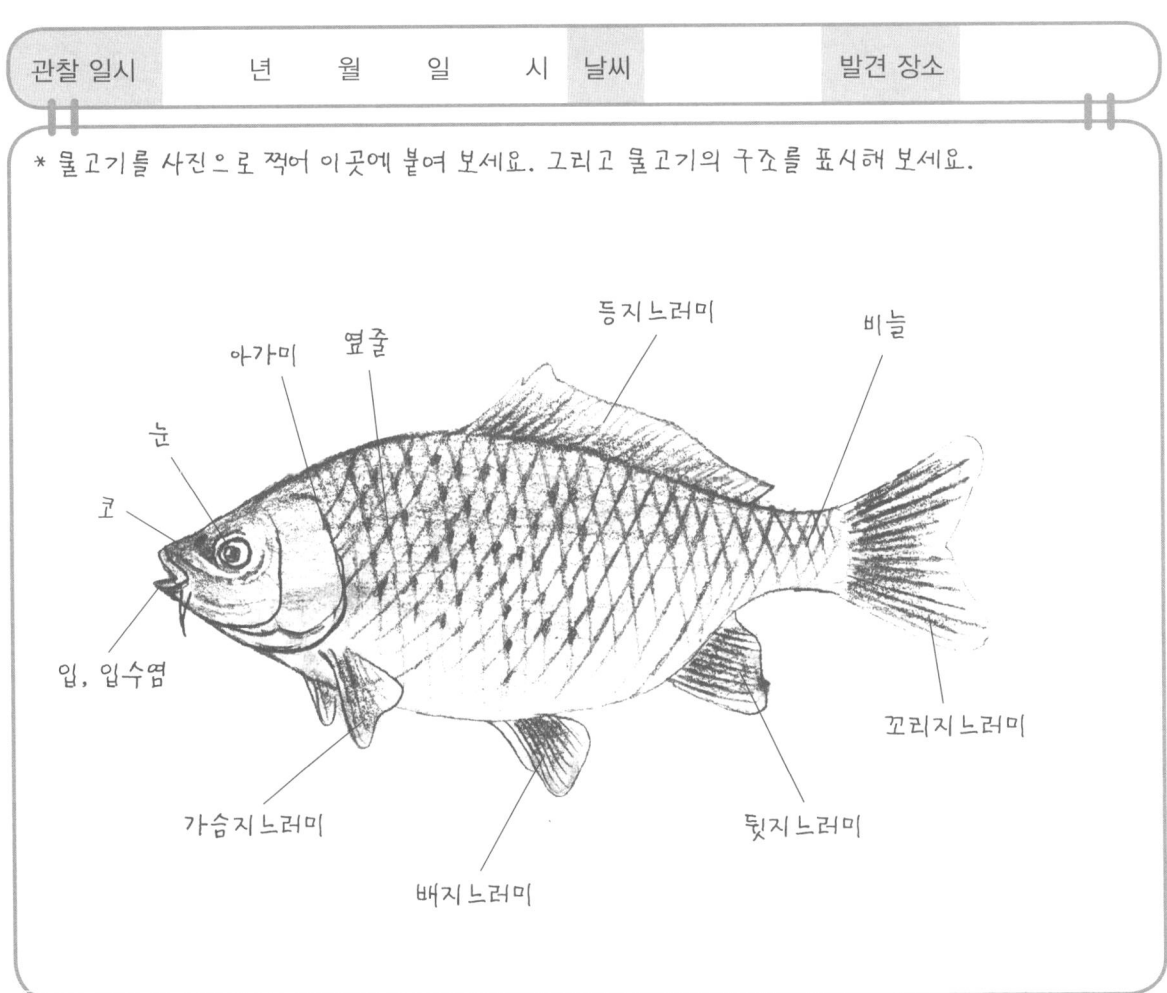

간단한 통발 만들기

장화를 신고 물속에 들어가 물고기를 잡아 볼 수도 있어요. 이때 페트병을 활용해 보면 좋아요. 페트병의 3분의 1 지점을 자르고, 몸통에 작은 구멍을 내요. 몸통 속에 물고기를 꾈 만한 미끼와 무게 추 역할을 할 돌멩이를 넣어요. 미끼로는 된장이나 떡밥을 넣으면 좋아요. 잘라 낸 페트병 꼭지 부분을 거꾸로 끼워 넣고 강바닥에 떠내려가지 않게 설치해요. 다음날 페트병을 살펴보면 물고기가 들어가 있어요.

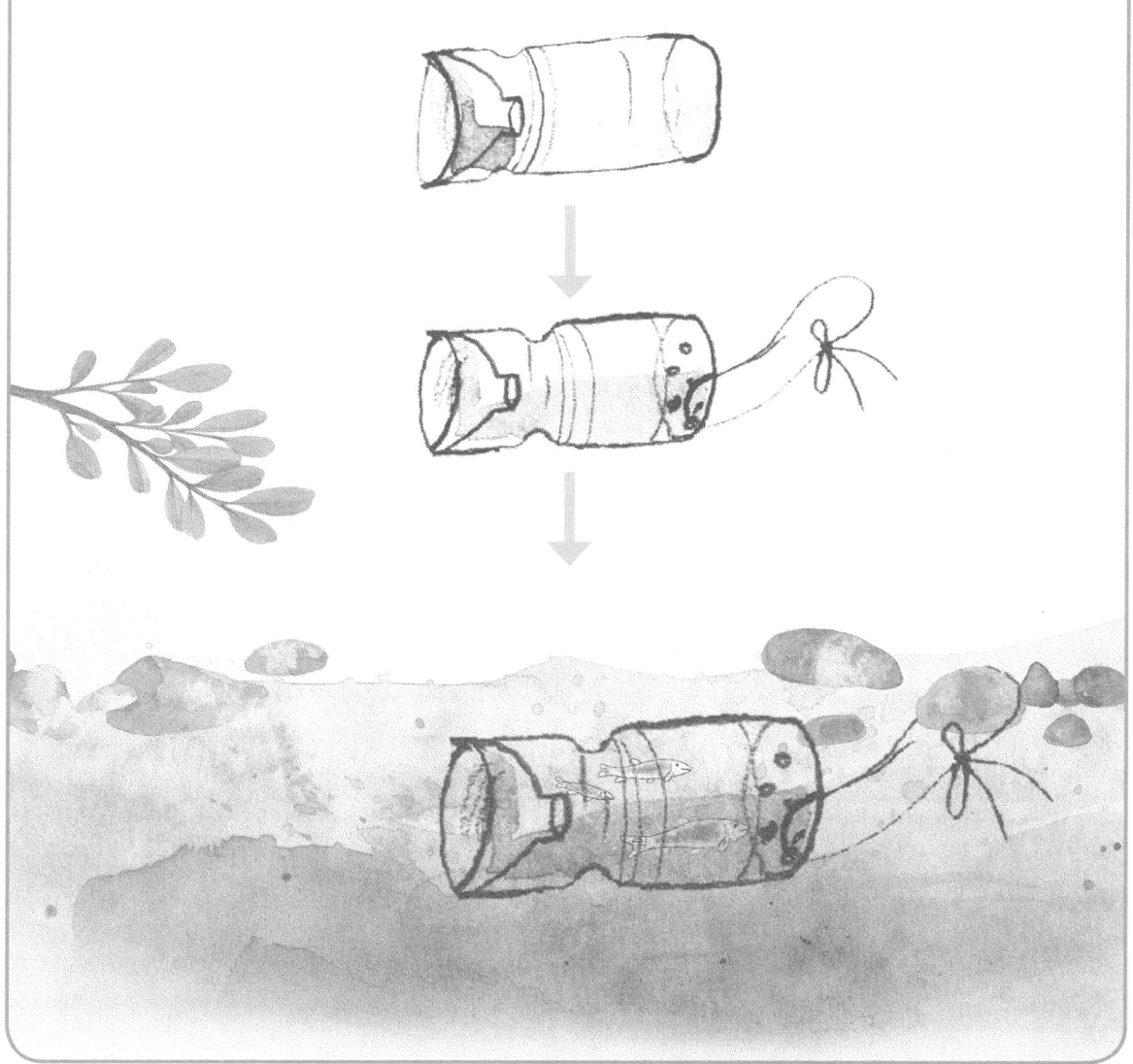

물고기 관찰 기록장

| 관찰 일시 | 년   월   일   시 | 날씨 | 발견 장소 |

* 물고기 사진을 여기에 붙여 보아요.

* 사진 속 물고기에서 다음 부위를 찾아 표시해 보도록 해요.

1. 아가미   2. 옆줄   3. 등지느러미   4. 배지느러미   5. 뒷지느러미   6. 꼬리지느러미
7. 가슴지느러미   8. 비늘   9. 눈   10. 입, 입수염   11. 코

* 내가 찍은 물고기는 _____ 이에요.

물고기 관찰 기록장

| 관찰 일시 | 년   월   일   시 | 날씨 | 발견 장소 |

* 물고기 사진을 여기에 붙여 보아요.

* 사진 속 물고기에서 다음 부위를 찾아 표시해 보도록 해요.

1. 아가미   2. 옆줄   3. 등지느러미   4. 배지느러미   5. 뒷지느러미   6. 꼬리지느러미
7. 가슴지느러미   8. 비늘   9. 눈   10. 입, 입수염   11. 코

* 내가 찍은 물고기는 _____ 이에요.

물고기 관찰 기록장

| 관찰 일시 | 년   월   일   시 | 날씨 | 발견 장소 |

* 물고기 사진을 여기에 붙여 보아요.

* 사진 속 물고기에서 다음 부위를 찾아 표시해 보도록 해요.

1. 아가미   2. 옆줄   3. 등지느러미   4. 배지느러미   5. 뒷지느러미   6. 꼬리지느러미
7. 가슴지느러미   8. 비늘   9. 눈   10. 입, 입수염   11. 코

* 내가 찍은 물고기는 _____ 이에요.

물고기 관찰 기록장

| 관찰 일시 | 년   월   일   시 | 날씨 | 발견 장소 |

* 물고기 사진을 여기에 붙여 보아요.

* 사진 속 물고기에서 다음 부위를 찾아 표시해 보도록 해요.

1. 아가미   2. 옆줄   3. 등지느러미   4. 배지느러미   5. 뒷지느러미   6. 꼬리지느러미
7. 가슴지느러미   8. 비늘   9. 눈   10. 입, 입수염   11. 코

* 내가 찍은 물고기는 _____ 이에요.

4. 양서류와 파충류를 비교해 봐요

캠핑장에 가면 냇가나 나무 아래 그늘진 곳, 혹은 반대로 잘 마른 모래땅에 미끌미끌하거나 거칠거칠한 생물들이 살고 있어요. 바로 양서류나 파충류이지요. 그런데 양서류나 파충류는 어떤 차이가 있는 걸까요? 얼핏 보면 둘 다 비슷하게 생겼지만, 엄연히 차이가 있어요.

양서류는 새끼일 때는 아가미로 호흡하며 물속에서 살지만, 자라면 폐와 피부로 호흡할 수 있기 때문에 물과 땅을 오가며 살아요. 늘 피부가 젖어 있어야 해서 물을 떠나 살 수 없어요. 어렸을 때와 다 자란 모습도 전혀 다르지요. 개구리, 두꺼비, 맹꽁이, 도롱뇽 등이 이에 속해요.

파충류는 피부가 각질의 표피, 즉 비늘로 덮여 있고 폐로 호흡을 해요. 알에서 깨어난 모습은 크기 차이만 있을뿐, 다 자란 모습과 같은 모습이에요. 뱀, 도마뱀, 거북, 악어 등이 이에 속하지요.

그런데 뱀이나 개구리 중에는 독을 가진 것이 있어요. 인체에 치명적일 수 있으니, 책이나 잡지 속 양서류와 파충류 사진을 오려 붙여 놓고 서로 다른 점이 무엇인지 비교해 보도록 해요.

양서류와 파충류 관찰 기록장

| 관찰 일시 | 년 월 일 시 | 날씨 | 참고한 자료 |

* 내가 찾은 양서류 사진을 붙이거나 그려 보세요.

* 내가 찾은 파충류 사진을 붙이거나 그려 보세요.

* 책에서 찾은 양서류와 파충류의 특징을 정리해 봐요.

도롱뇽 :

도마뱀 :

양서류와 파충류 관찰 기록장

| 관찰 일시 | 년   월   일   시 | 날씨 | 참고한 자료 |

* 파충류나 양서류 사진을 여기에 붙여 보아요.

* 특징을 적어 보아요.

양서류와 파충류 관찰 기록장

관찰 일시	년　　월　　일　　시	날씨		참고한 자료	

* 파충류나 양서류 사진을 여기에 붙여 보아요.

* 특징을 적어 보아요.

23

양서류와 파충류 관찰 기록장

| 관찰 일시 | 년   월   일   시 | 날씨 | 참고한 자료 |

* 파충류나 양서류 사진을 여기에 붙여 보아요.

* 특징을 적어 보아요.

양서류와 파충류 관찰 기록장

| 관찰 일시 | 년   월   일   시 | 날씨 | 참고한 자료 |

* 파충류나 양서류 사진을 여기에 붙여 보아요.

* 특징을 적어 보아요.

5. 새 깃털을 주워 봐요

캠핑장에 가서 아침에 시끄러운 소리가 나서 눈을 뜰 수 있어요. 아침을 맞이하는 새들이 지지배배 우는 소리들이지요. 새들을 관찰하려면 어떻게 해야 할까요? 새들은 날개로 자유롭게 날아다니는 생물이기에, 곤충이나 나무처럼 차분하게 관찰하기가 어려워요. 이럴 때는 쌍안경으로 멀리서 관찰해 보도록 해요.

그리고 오른쪽 새 찾기 표를 보고 새의 정체를 추측해 봐요. 찾은 단서를 갖고 새의 분류표에서 찾아보면, 내가 보고 있는 새가 어떤 새인지 알게 될 거예요. 만약 사진을 찍을 수 있으면 더욱 좋겠지요? 새를 찍기 어렵다면 땅에 떨어진 새의 깃털을 주워서 붙여 보세요. 어떤 새의 깃털인지 추측해 보는 것도 좋을 거예요.

새 관찰 기록장

| 관찰 일시 | 년 월 일 시 | 날씨 | 발견 장소 |

* 새의 사진이나 깃털을 여기에 붙여 보아요.

* 새 찾기 표

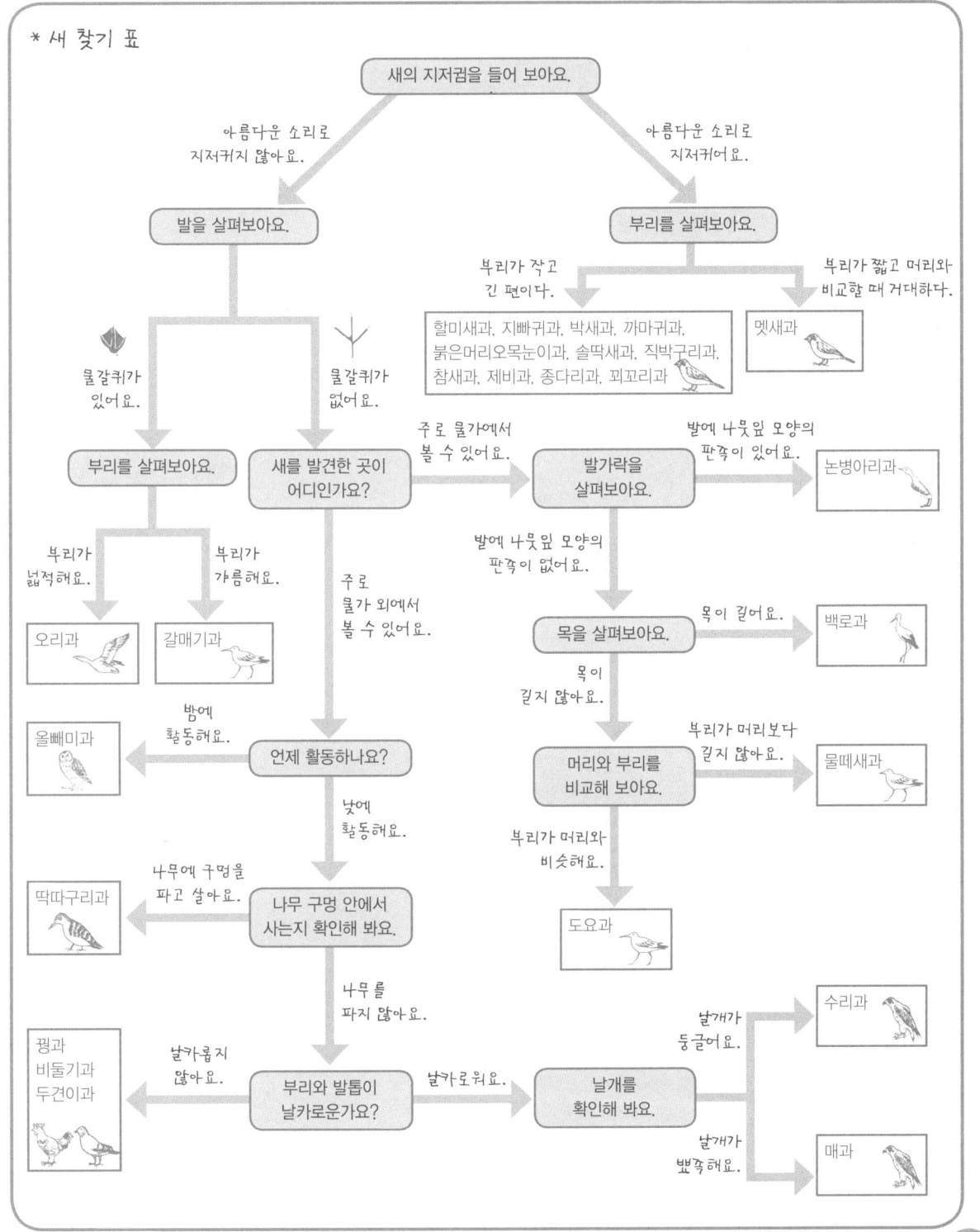

새 관찰 기록장

| 관찰 일시 | 년 월 일 시 | 날씨 | 발견 장소 |

* 새의 사진이나 깃털을 여기에 붙여 보아요.

* 내가 찾은 새의 이름은 _____ 입니다.

새 관찰 기록장

| 관찰 일시 | 년   월   일   시 | 날씨 | 발견 장소 |

* 새의 사진이나 깃털을 여기에 붙여 보아요.

* 내가 찾은 새의 이름은 _____ 입니다.

새 관찰 기록장

| 관찰 일시 | 년   월   일   시 | 날씨 | 발견 장소 |

* 새의 사진이나 깃털을 여기에 붙여 보아요.

* 내가 찾은 새의 이름은 _____ 입니다.

새 관찰 기록장

| 관찰 일시 | 년   월   일   시 | 날씨 | 발견 장소 |

* 새의 사진이나 깃털을 여기에 붙여 보아요.

* 내가 찾은 새의 이름은 _____ 입니다.

6. 야생 동물의 발자국을 찾아봐요

캠핑장에 가면 야생 동물을 만날 수 있을지도 몰라요. 조심성이 많은 야생 동물은 사람 주변으로 잘 다가오지 않아요. 하지만 가끔 호기심이 많거나 배가 고픈 동물이 캠핑장의 음식을 노리고 다가오기도 하지요. 특히 밤이 되면 움직이는 동물들이 많답니다.

하지만 이런 동물들은 차분히 관찰할 수 없어요. 배가 고파 다가오는 동물들도 사람 기척을 느끼면 후다닥 달아나기 바쁘지요. 그래서 동물들의 콧등도 보기 어려울 수 있어요.

그렇다면 어떻게 하면 동물들을 만나 볼 수 있을까요? 동물들은 해가 뜨기 전 새벽에 물가로 와서 물을 마시곤 해요. 아침 일찍 냇가로 가서 땅바닥을 살펴봐요. 물기가 촉촉이 배어 있는 부분에서 동물들의 발자국을 찾을 수 있어요. 혹은 겨울에 흰 눈밭에 난 발자국을 살펴볼 수도 있어요. 발견한 발자국의 모양을 그림으로 그리거나 사진으로 찍어 봐요. 그리고 크기와 모양새를 상세하게 기록해 봅니다.

야생 동물 관찰 기록장

| 관찰 일시 | 년 월 일 시 | 날씨 | 발견 장소 |

* 동물의 발자국을 사진으로 찍거나 그림으로 그려보아요.

* 동물의 발자국 크기를 재어 봅시다.
→ 내가 찾은 동물의 발자국 길이는 _____센티미터 입니다.

* 동물의 발자국 모양은 어떻게 생겼나요? 발자국 모양에 따라 동물을 짐작해 볼 수 있어요.

1. 곰의 발자국 모양:    길이: 약19cm

2. 양의 발자국 모양: 길이: 약5cm

3. 다람쥐 발자국 모양:    길이: 약3cm

4. 토끼 발자국 모양:    길이: 약15cm

5. 너구리 발자국 모양: 길이: 약4cm

6. 쪽제비 발자국 모양:    길이: 약3cm

7. 고라니 발자국 모양: 길이: 약6cm

8. 멧돼지 발자국 모양: 길이: 약9cm

🦊🐗 야생 동물 관찰 기록장 🐻🐇

| 관찰 일시 | 년   월   일   시 | 날씨 | 발견 장소 |

* 동물의 발자국을 사진으로 찍거나 그림으로 그려 보아요.

* 내가 발견한 동물의 발자국은 길이가 _____ 센티미터입니다.
* 내가 발견한 동물은 _____ 이에요.

* 발자국에서 찾은 특징을 적어 보아요.

야생 동물 관찰 기록장

| 관찰 일시 | 년   월   일   시 | 날씨 | 발견 장소 |

* 동물의 발자국을 사진으로 찍거나 그림으로 그려 보아요.

* 내가 발견한 동물의 발자국은 길이가 _____ 센티미터입니다.
* 내가 발견한 동물은 _____ 이에요.

* 발자국에서 찾은 특징을 적어 보아요.

야생 동물 관찰 기록장

| 관찰 일시 | 년   월   일   시 | 날씨 | 발견 장소 |

* 동물의 발자국을 사진으로 찍거나 그림으로 그려 보아요.

* 내가 발견한 동물의 발자국은 길이가 _____ 센티미터입니다.

* 내가 발견한 동물은 _____ 이에요.

* 발자국에서 찾은 특징을 적어 보아요.

야생 동물 관찰 기록장

| 관찰 일시 | 년   월   일   시 | 날씨 | 발견 장소 |

* 동물의 발자국을 사진으로 찍거나 그림으로 그려 보아요.

* 내가 발견한 동물의 발자국은 길이가 _____ 센티미터입니다.
* 내가 발견한 동물은 _____ 이에요.

* 발자국에서 찾은 특징을 적어 보아요.

내가 더 관찰해 보고 싶은 것들을 써 봐요

캠핑장에서 더 관찰해 보고 싶은 동식물들이 있나요? 거미도 좋고 애벌레도 좋고 버섯도 좋아요. 신기하게 생긴 바위나 돌, 이제껏 보지 못한 색깔의 벌레나 나무잎사귀도 좋아요. 그간 보지 못했던 신기한 동식물을 찾아 기록해 보아요. 내가 발견한 자연의 친구들이 누구인지 그 정체를 밝혀 보아요. 이렇게 관찰 노트를 한 장 한 장 채워 가다 보면, 자연을 느끼고 즐기고 사랑하는 마음이 점점 커질 거예요.

오늘 내가 찾은 자연의 친구는 과연 누구일까요?

관찰 기록장

| 관찰 일시 | 년 월 일 시 | 날씨 | 발견 장소 |

*내가 발견한 것들을 붙이거나 그려 보세요.

관찰 시 주의 사항이 있어요!

자연물을 관찰할 때는 조심, 또 조심해야 해요. 자연 속에는 신기하고 재미있는 것이 잔뜩 있지만, 생물은 스스로를 보호하기 위해 독을 품거나 상대방을 상처 입힐 수 있는 기술들이 하나쯤은 있거든요. 그러니 자연물을 관찰할 때는 장갑을 끼거나 핀셋 같은 도구를 사용해서 직접 피부에 닿지 않도록 하세요.

캠핑장에서 안전 수칙을 지키고, 함부로 자연물을 훼손하지 않으며, 위험이 닥치면 얼른 주위에 도움을 요청하는 것도 잊지 말아야 해요.

관찰 기록장

| 관찰 일시 | 년 월 일 시 | 날씨 | 발견 장소 |

* 내가 발견한 것들을 붙이거나 그려 보세요.

관찰 기록장

| 관찰 일시 | 년　월　일　시 | 날씨 | 발견 장소 |

* 내가 발견한 것들을 붙이거나 그려 보세요.

* 내가 찾은 자연의 친구 이름은 무엇일까요? 특징을 이곳에 써 보고 책이나 인터넷을 통해 조사해서 그 정체를 밝혀 보세요.

관찰 기록장

| 관찰 일시 | 년   월   일   시   날씨 | 발견 장소 |

* 내가 발견한 것들을 붙이거나 그려 보세요.

* 내가 찾은 자연의 친구 이름은 무엇일까요? 특징을 이곳에 써 보고 책이나 인터넷을 통해 조사해서 그 정체를 밝혀 보세요.

관찰 기록장

| 관찰 일시 | 년　　월　　일　　시 | 날씨 | 발견 장소 |

* 내가 발견한 것들을 붙이거나 그려 보세요.

* 내가 찾은 자연의 친구 이름은 무엇일까요? 특징을 이곳에 써 보고 책이나 인터넷을 통해 조사해서 그 정체를 밝혀 보세요.

 관찰 기록장

| 관찰 일시 | 년   월   일   시 | 날씨 | 발견 장소 |

* 내가 발견한 것들을 붙이거나 그려 보세요.

* 내가 찾은 자연의 친구 이름은 무엇일까요? 특징을 이곳에 써 보고 책이나 인터넷을 통해 조사해서 그 정체를 밝혀 보세요.

관찰 기록장

| 관찰 일시 | 년   월   일   시 | 날씨 | 발견 장소 |

* 내가 발견한 것들을 붙이거나 그려 보세요.

* 내가 찾은 자연의 친구 이름은 무엇일까요? 특징을 이곳에 써 보고 책이나 인터넷을 통해 조사해서 그 정체를 밝혀 보세요.

관찰 기록장

| 관찰 일시 | 년   월   일   시 | 날씨 | 발견 장소 |

* 내가 발견한 것들을 붙이거나 그려 보세요.

* 내가 찾은 자연의 친구 이름은 무엇일까요? 특징을 이곳에 써 보고 책이나 인터넷을 통해 조사해서 그 정체를 밝혀 보세요.

관찰 기록장

| 관찰 일시 | 년   월   일   시 | 날씨 | 발견 장소 |

* 내가 발견한 것들을 붙이거나 그려 보세요.

* 내가 찾은 자연이 친구 이름은 무엇일까요? 특징을 이곳에 써 보고 책이나 인터넷을 통해 조사해서 그 정체를 밝혀 보세요.

 관찰 기록장

| 관찰 일시 | 년 월 일 시 | 날씨 | 발견 장소 |

* 내가 발견한 것들을 붙이거나 그려 보세요.

* 내가 찾은 자연의 친구 이름은 무엇일까요? 특징을 이곳에 써 보고 책이나 인터넷을 통해 조사해서 그 정체를 밝혀 보세요.

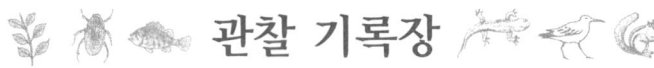 관찰 기록장

| 관찰 일시 | 년　월　일　시 | 날씨 | 발견 장소 |

* 내가 발견한 것들을 붙이거나 그려 보세요.

* 내가 찾은 자연의 친구 이름은 무엇일까요? 특징을 이곳에 써 보고 책이나 인터넷을 통해 조사해서 그 정체를 밝혀 보세요.